Joanne Autumn

MACRON
Un serpent à l'Elysée

Macron – Un serpent à l'Élysée

Les faits cités dans ce livre se sont déroulés entre 2012 et 2018. Ce témoignage a été rédigé pour le partager avec les jeunes de nos jours et non pour que les lecteurs me plaignent.

Je dédie également ce livre à la mémoire de *Coluche*. Si Facebook avait existé dans les années 80 les évènements seraient différents en France. Quant au *Brexit* il servira d'exemple à d'autres pays dans le futur. Un jour, un orgue jouera et le monde l'entendra. L'Allemagne rendra un bel hommage à sa chancelière Angela Merkel.

Macron – Un serpent à l'Élysée

© Joanne Autumn The French artist, 2018

ISBN : 978-1-73151-353-3

Toute reproduction, même partielle du présent ouvrage, par quelque procédé que ce soit, constitue une contrefaçon sanctionnée par les articles L 335-2 et suivants du Code de la propriété intellectuelle.

Macron – Un serpent à l'Élysée

Titres déjà parus :

The French artist
Mes années 80 (2018)
Survivre avec le RSA (2018)

Macron – Un serpent à l'Élysée

LES MEETINGS DU CANDIDAT

En 2017, je ne vote pas pour Macron car je n'en veux pas comme Président de la République. De toutes les campagnes à l'élection présidentielle celle de 2017 me passionne. *Jean-Luc Mélenchon,* grâce à un clone virtuel assure le show qui ne passe pas inaperçu à la télé. Toutefois, sa France insoumise n'est pas ce que j'espère.

Macron – Un serpent à l'Élysée

Je voulais un leader avec la tête sur les épaules et à l'écoute des citoyens. Je ne veux pas une France *Mitterrand* avec le respect dû à sa mémoire. J'ai vu le bilan au bout de 14 ans de socialisme. Tant mieux que tout a une fin.

Certes, j'espère un renouveau mais pas à n'importe quel prix. Le *jeunisme* ne rime pas forcément avec *expérience*. Selon moi, Monsieur *Fillon* pouvait faire un bon candidat. Devenir Président de la France semblait plausible car il était déjà Premier Ministre et connaissait bien les affaires en cours. Du fait d'être à la *machinerie* durant cinq ans monter sur la *passerelle* semblait logique. Il aurait d'une part pu devenir le Président et d'autre part, il aurait ensuite pu poursuivre son action dans les dossiers en instance en tandem avec son nouveau Premier Ministre. Lui faire part de conseils en précisant ce qu'il a fait cinq ans plus tôt pour prendre la décision et clore l'affaire.

Macron – Un serpent à l'Élysée

Il s'est rendu sur les lieux pour rencontrer les interlocuteurs pour négocier en direct avant que *Pénélope* ne lui barre l'accès à l'*Elysée*. Toutefois, Mr *Fillon*, Mr *Hollande* sont natifs du signe du *cheval* du zodiaque Chinois. Nous avons vu le résultat final de cet étalon placé à la tête du Gouvernement en cinq ans. Aussi, nul regret même si j'ai jugé intéressantes les pistes lues dans le livre *Faire* de *Fillon* et reprises dans les discours de ses rivaux. L'*allocation unique* souvent citée et je serai d'accord pour sa mise en place. Quant au *revenu universel* défendu par Mr Hamon, *Hamon* avis ce ne sera pas envisageable de le percevoir dans les prochains mois. En septembre 2018, *Macron* relançait aussi le débat du *revenu universel d'activité*. J'ai perçu pendant dix ans le RSA et je ne m'en sortais pas avec l'allocation de moins de 500€. En début de mandat, Macron nous dit qu'il ne veut plus voir personne dormir dans la rue.

Macron – Un serpent à l'Élysée

Alors je vous raconte l'anecdote. Je dois prendre le TGV le 15 septembre 2018 à 06h pour aller à Cassis. J'ai vu la misère dans la gare de la *Part-Dieu* à Lyon. Cette dernière a fait l'objet de travaux pour être rénovée. Des espaces de détente équipés de banquettes confortables ont été mises à disposition des voyageurs pour attendre le TGV. Des prises en libre service prévues pour recharger le smartphone la tablette. Espaces rénovés dans le hall de la gare où je pensais boire un café avant l'arrivée du train. En traversant le hall silencieux en question, je me retrouvais au milieu d'un dortoir collectif Monsieur Macron. Il n'y a pas de patrouille *sentinelle* à cette heure matinale et les banquettes servaient de lits aux migrants sur Lyon. Un migrant allongé sur sa banquette endormi profondément. Paire de chaussures posée au sol. Aucune banquette libre pour patienter.

Macron – Un serpent à l'Élysée

Ce qui donne environ le nombre de jeunes qui ronflent sur place. Il y a tant de banquettes dans le hall. Quand je pense à l'appel de l'Abbé Pierre hiver 54. Déjà 64 ans ? Après avoir vu à quoi servaient les banquettes je ne poserai pas mes fesses dessus. Je suis la seule femme et j'ai fui les lieux rapidement car aucun témoin en cas d'agression mis à part les caméras inutiles pour me secourir. Voilà pourquoi je vous ai précisé l'absence de *patrouille sentinelle*. Monsieur Macron, c'était ça votre solution pour que personne ne dorme dehors ?

L'église de Lyon fut transformée en restaurant étoilé avec le *cardinal Barbarin*. Des plats dignes d'un restaurant étoilé le 18 novembre 2018 gratuits pour les gens dans la misère. La table dressée à l'église *Saint-Bonaventure* (Lyon 2e), à l'initiative du diocèse Église du Rhône et Roannais, la Fondation Saint-Irénée et les bénévoles de l'association *Coeurs de Lyon*.

Macron – Un serpent à l'Élysée

Le menu fait de terrine de saumon et cabillaud sauce au homard, de cuisses de canard confites. Concocté par un chef Lyonnais *Christophe Geoffroy*. Budget de l'opération ? 25000€, pris en charge par la *Fondation Saint-Irénée*. Lyon, une ville où j'ai vu le jour en juillet 1971. *Ensemble la France !* slogan de votre campagne ? Qui s'en souvient ?

La venue de *gilets jaunes* aux portes de l'*Elysée* rappelle la prise de la Bastille. Un souffle de révolution qui se transforme en une tempête. L'artiste *Murray Head* a sa vision de la France. Il a dit : *En Angleterre depuis Margaret Thatcher et Tony Blair nous n'avons plus d'agriculture. Nous avions cru avoir un Empire alors que nous n'avions plus rien. Alors continuez à résister !*

Le *Brexit* inspira le *Frexit* tant voulu par *François Asselineau* le chef de l'UPR.

Macron – Un serpent à l'Élysée

L'*Union Populaire Républicaine*. J'ai pris le temps de regarder les vidéos que ce monsieur avait posté mais je ne le vois pas devenir Président de la République du pays. Il aurait été à son aise en tant que prof au lycée. Si je l'avais eu en professeur, les cours auraient été passionnants.

François Lenglet par contre m'aurait donné envie de suivre plus attentivement le cours d'économie. Ses livres déprimants aux titres révélateurs sont le reflet de la réalité. J'ai lu ses écrits et dommage qu'il ne soit que journaliste, Ministre de notre économie il aurait fait un miracle dans le pays. En 2013, il parlait déjà de la fin de la mondialisation.

Macron – Un serpent à l'Élysée

Le bébête show de 1982 à 1995

Macron – Un serpent à l'Élysée

A CIAO LES GUIGNOLS !

Quand je pense à ces hommes élus, qui durant des décennies jouaient le rôle du Président de la République en France. Petite, je les regardais à la télévision sans comprendre leurs discours. Gamine, j'ai ri avec ces Messieurs puisqu'une Présidente ce ne fut pas le cas encore en 2017. En les regardant leurs marionnettes j'ai tant ri .

Macron – Un serpent à l'Élysée

Raymond Barre, nounours du *bébête show.* L'émission qui parodiait librement l'actualité politique pendant les années 80 pour ceux qui n'ont pas connu. L'émission diffusée du lundi au vendredi avant le JT du soir et qui enregistrait 37 % d'audience chaque soir avant le journal de 20h.

Mitterrand, alias *Kermitterrand* sous les traits d'une grenouille qui supplie que tous l'appelle *Dieu. Raymond Barre* en ours le clin d'œil à *Fozzy* du *Muppet Show* USA. Je n'ai pas oublié sa réplique : Ils ont privé *Jospin* de campagne. *Pain de campagne !* Intellectuel non ?

Les Guignols de l'Info, est la nouvelle génération digne de ses aïeux qui prend le relais avec les sosies et les voix proches de leurs propriétaires. *Johnny Hallyday* coupa en direct à titre symbolique, le nez de son pantin jugé trop long. Rhinoplastie faite en direct au ciseau. Les imitateurs avaient de quoi faire chaque jour.

Macron – Un serpent à l'Élysée

Durant 40 ans notre Gouvernement a donné du grain à moudre aux comiques de l'époque et à ceux actuels. L'action du Gouvernement est la source d'inspiration intarissable pour les auteurs et les plumes comme la mienne.

Sans prévenir, ils ont tous été mis au placard ces pantins. *Putain 30 ans !* s'était même ému Chirac. Après trois décennies à la TV il passe par la case retraite. Enfin en France car d'après ce que j'ai lu, lui et ses amis sont partis aux USA pour reprendre du service là-bas. *Rien ne se crée, rien ne se perd, tout se transforme* dit Lavoisier.

Sacrée est la liberté d'expression et le Premier Ministre *Edouard Philippe* le dit au 20h de *France 2* en novembre 2018. En 2020, un hommage sera même rendu à un homme politique qui a été Président de la République. *Les Guignols de l'info* n'ont pas dit leur dernier mot. *Show must go on !*

Macron – Un serpent à l'Élysée

Marc Lavoine
C'est ça la France (1996)

Macron – Un serpent à l'Élysée

ENSEMBLE LA FRANCE !

Ensemble la France ! Slogan efficace et accrocheur sur l'affiche de campagne du candidat *Macron* en 2017. Trois mots qui inspiraient confiance même les Français y ont cru *dur comme fer.* Comme le titre de la chanson de *Cabrel.* Le candidat Macron mit tant de conviction dans ses meetings, comme ses rivaux, que je n'en doutais pas un instant.

Macron – Un serpent à l'Élysée

Seulement je n'avais plus 20 ans et novembre 2015 j'ai pointé aux *restaurants du cœur,* deux ans auparavant. Ce candidat qui est de ma génération, je l'attendais au tournant. Histoire de voir jusqu'où iraient sa campagne et ses promesses.

Dès le début je me méfiais de lui car un truc ne me plaisait pas chez lui. Même *Jean-Luc Mélenchon* confirma mon ressenti ensuite. Dire qu'il fut le premier à prévenir les gens en leur disant *vous allez cracher du sang.* J'ai vu le jour en France en 1971 et Gérard, médium, me révéla des faits sur Macron.

Tu verras Joanne ce type va gagner les élections mais les Français vivront un quinquennat bien différent des précédents.

Il fit la prédiction avril 2016 quand ce jeune candidat en était encore à fonder son mouvement *En Marche.* J'ai du mal à le croire que Macron serait notre président mais c'est rare quand Gérard a tort.

Macron – Un serpent à l'Élysée

Ce fut la dernière fois que je l'ai vu avant de nous perdre de vue. Jeu de mots me direz-vous. Perdre de vue le voyant. Je ne sais pas s'il est encore en vie, j'espère qu'il va bien s'il lit ce livre. Je doutais de la prédiction car ce Ministre de l'économie fut recadré à maintes reprises et inspira *recadrage,* la série de Eric et Quentin, duo comique que je salue.

Geneviève *Delpech* donna le résultat des élections en février 2017. Même après avoir été élu en 2017, Macron va subir un recadrage supplémentaire car son portrait officiel en mairies n'avait pas les mêmes dimensions des portraits des présidents précédents. Le *Kid de l'Elysée* fraîchement élu faisait déjà dans la démesure. Ce qui fit polémique et *Romain Senoble,* le maire de *Forges,* si contrarié par le changement car contraint d'acheter un cadre neuf pour la photo en question.

Macron – Un serpent à l'Élysée

Déjà que les maires étaient priés de faire des économies, 30 000 mairies sont invitées à faire l'achat du nouveau cadre et la facture devait friser les millions d'euros. Ceci à cause d'une *légère* modification. Moi je me serai contenté de recouper les bords du cliché pour ne pas me mettre la main à la poche.

La France rouge colère en 2013 et le prouve en *Bonnets Rouges* en Bretagne. Un mouvement envers ces mesures fiscales en réponse à la pollution de transports de marchandises. Les portiques *écotaxe* pris pour cibles la France voit rouge. Cinq ans après, le pays surligne en jaune fluo son mécontentement à l'aide des *Gilets jaunes,* mouvement spontané qui souhaite se faire respecter. Il est allé se faire voir même les médias sur le terrain ont démontré que les destins sont liés. Chantal, retraitée, perd la vie en participant au mouvement.

Macron – Un serpent à l'Élysée

Les destins sont liés et si la mesure prise par le Gouvernement n'avait pas été appliquée, Chantal serait auprès de sa fille *Alexandrine*. La jeune fille a donc vécu son premier Noël sans sa mère.

Le Gouvernement Français qui a du sang sur les mains et compte à son actif les victimes chez les agriculteurs par suicide, tout choix a une conséquence. Le résultat d'une décision prise qu'il lui faut assumer. Pour la première fois, après avoir écouté mon ami Gérard, je ne vais pas au bureau de vote en 2017.

Mais revenons en mai 2017, c'est la première fois que je ne me rends pas aux urnes. Au premier tour comme au second. Même sans mon vote Emmanuel Macron est élu. François Hollande, qui reçoit le *kid* à l'Elysée lors de la passation de pouvoir, a tenté en vain de le mettre en garde. *Trump* imprévisible et addict du *tweet*.

Macron – Un serpent à l'Élysée

Angela ne sera plus la plus forte en Allemagne, un règne arrive toujours à son terme. La Terre tourne encore, Monsieur Macron ne pourra empêcher ça mais elle brûle toujours notre maison.

Le Premier Ministre nommé dans la foulée avait du pain sur la planche. Quand j'ai su que *Edouard Philippe* était Sagittaire comme l'actuel Président, j'ai commencé à me faire davantage de souci. Le sagittaire réputé pour agir avant de réfléchir même le Général *de Gaulle* en était un. Le jour où Emmanuel Macron imite *de Gaulle* en vous disant *Je vous ai compris,* je pense qu'il y aura une avancée en France. Il ne faut pas oublier *les trois mots qui finissent en té.* Comme le chantait *Marc Lavoine. C'est ça la France.* Bien qu'au 21ème siècle, ils ont été remplacés par *pauvreté, précarité* et *inégalité.*

Macron – Un serpent à l'Élysée

LE KARMA A ZÉRO

On dit que la vie commence à 40 ans car le jour de vos 40 ans, les planètes vont reprendre les places occupées dans le ciel du jour de votre naissance. Le *karma* est de fait remis à zéro telle une renaissance en somme. Ce qui fut le cas pour Monsieur Macron car élu à 39 ans et une période charnière pour ce sagittaire. Il est dit du centaure qu'il bouge tout le temps.

Macron – Un serpent à l'Élysée

Il le prouve avec ses déplacements multiples pour rencontrer ses homologues à l'étranger depuis qu'il est en poste. Il a la bougeotte il est sans arrêt *En Marche !*

Jacques Chirac, un autre sagittaire et aussi ancien locataire à l'*Elysée*, a proposé le référendum sur le septennat pour que le mandat présidentiel soit réduit. J'ai couru au bureau de vote et glisser mon bulletin dans l'urne. J'espérais que le quinquennat soit adopté car un président aux USA a un mandat de quatre ans. Pourquoi cinq ans en France ?

Chirac le centaure comme les natifs du signe agit d'abord et réfléchit après. *Je tire, je fais les sommations ensuite.* Chirac durant ses sept ans de mandat a nommé quatre Premiers ministres. Il tenta aussi la réforme de la retraite et la sécurité sociale. Macron depuis le début de son mandat j'ai cessé de compter les remaniements faits depuis son arrivée à l'*Elysée*. Triste bilan.

Macron – Un serpent à l'Élysée

Ce *kid de l'Elysée* a démissionné de l'inspection des finances en 2016. N'ayant fait que six ans de service à l'État au lieu de dix comme énarque, il fut contraint de verser une somme importante en guise de dédommagement. Celle-ci lui a depuis été restituée par son salaire de Président de la République. Ministre de l'économie il a su régler ses comptes. Monsieur Macron est le serpent qui a pris ses aises à l'Elysée. Un *serpent* ? Oui vous avez bien lu. Pourquoi l'appeler ainsi ? Parce que c'est son signe chinois. Il est né en 1977, il est *serpent de feu*. Le natif *serpent* fait souvent carrière en politique Voici des noms qui rappellent des souvenirs. *Nadjat Vallaud Belkacem, Ségolène Royal, Valérie Trierweiler, Xavier Bertrand, Eric Ciotti, Rachida Dati, Brigitte Macron*. Et oui nous avons un serpent au carré à la tête du pays. Le serpent est si rancunier, froid, distant et secret.

Macron – Un serpent à l'Élysée

Il s'enroule autour de l'ennemi pour mieux l'étouffer lorsqu'il se venge.

Ségolène Royal, Valérie Trierweiler, des ex-compagnes de François Hollande le prouvent par le biais de leurs livres. *Ce que je peux enfin vous dire* ou *Merci pour ce moment*. Mots tranchants écrits par des plumes pleines de venin tels les crocs d'un serpent. Vous voulez d'autres noms ?

Patrick Sébastien, Francis Cabrel qui aiment dire ce qu'ils ont sur le cœur. *Dur comme fer,* la chanson de *Cabrel* qui parle du candidat à l'élection. Si vous l'écoutez attentivement vous comprendrez mieux le message qu'elle tentait de faire passer.

Cindy Lauper, serpent coloré de nos années 80, *Jil Caplan, Edouard Balladur Dominique de Villepin.* Macron le sagittaire et serpent. Autre *sagittaire-serpent Marion MARECHAL,* la nièce de *Marine Le Pen.*

Macron – Un serpent à l'Élysée

J'en cite d'autres qui vont faire peur et dommage que le *carré blanc* au bas du téléviseur ne soit plus en vigueur...

Bachar El Assad, serpent redoutable. *Tony Blair,* serpent qui avait raflé les Jeux Olympiques à la France en 2012. *Xi Jinping* président de la Chine né en 1953 comme Tony Blair. Il s'est montré plus futé que les congénères. Il s'est arrangé pour rester un président à vie, le problème est réglé.

Prions pour que Macron ne soit pas inspiré par l'idée. Autre serpent de feu, le porte-parole à l'Elysée *Benjamin Griveaux*. Chers Lecteurs, *Manon Aubry* est elle aussi serpent pour information.

Macron – Un serpent à l'Élysée

Ces trois personnes sont natives du signe du serpent du zodiaque chinois et ont en commun le signe du sagittaire. Si vous appréciez Macron, faites votre choix parmi ces profils.

Macron – Un serpent à l'Élysée

LA FRANCE PIETINE

Le pays n'a pas galopé mais avancé au trot sans se presser avec le *cheval François Hollande.* Résultat des courses, le Peuple aigri réclame sa démission. Je n'avais pas voté pour Hollande car j'ai lu un jour que, s'il était élu, la dette de la Grèce sera payée par la France. Je ne doutais pas qu'il soit le futur président car le peuple ne voulait plus entendre parler de *Nicolas Sarkozy,* qui continue à faire parler de lui encore à ce jour malgré tout.

Macron – Un serpent à l'Élysée

Du coup, j'ai voté blanc. Toutefois, si j'ai utilisé ce vote, c'était pour ne pas faire preuve d'abstention. Selon moi, *vote blanc*, signifie *carte blanche*. C'est la dernière fois que j'y ai eu recours car j'ignore comment était prise en compte ce type d'expression.

2017, j'en ai vu des meetings avec la foule applaudir un candidat. En regardant ces supporters fous de joie je me dis : *si le peuple français pouvait rester dans cet état permanent*. Dans la rue, les affiches de la campagne et leurs slogans se ressemblent. *Ensemble la France* puis Monsieur Macron promet que *La France doit être une chance pour tous*. Pourquoi pas ? Slogan qui vise surtout ceux qui ne sont pas Français.

La preuve avec *Spiderman du Mali, Mamadou Gassama*, naturalisé français à la suite d'acte de bravoure. Il obtient sa place chez les pompiers dans la foulée et a fait l'objet d'une naturalisation en 2018.

Macron – Un serpent à l'Élysée

Il a la double nationalité française et malienne. Bravo, tente la chance au casino. *La France doit être une chance pour tous !* Rien à redire, il a su la saisir… Faites vos jeux ! La mer Méditerranée, tombeau des migrants, au moins un qui s'en sort haut la main. Ah j'ai omis de préciser. Mamadou est né sous le signe du rat du zodiaque chinois. Le signe qui est le plus intelligent. Il s'en sort toujours dans la vie. *Vanessa Paradis, Zidane, Charles Aznavour* sont de célèbres souris.

Quand je pense que j'ai un ami agent de sécurité qui bosse depuis une décennie en France et n'est pas sûr d'être naturalisé en 2019. Un comble alors qu'il sait écrire le français et le parle mieux que Mamadou. A ce propos, autre *héros* qui sous François Hollande a la nationalité Française. Il s'agit de *Lassana Bathily,* le Malien qui a eu tant de mal à obtenir notre nationalité.

Macron – Un serpent à l'Élysée

J'ai lu et apprécié son livre *Je ne suis pas un héros*. En effet, après un refus de la Préfecture en 2009, il n'a que son titre de séjour en 2011. Alors que lui par contre il réside légalement sur le territoire en 2006 et s'est inscrit dans un lycée professionnel. Tandis que pour Mamadou ce fut l'inverse. Il n'est sur le sol français que depuis 2017 et *bossait au noir* dans le bâtiment d'après *wikipédia*. Si c'est vrai, il a sa fiche dans la célèbre encyclopédie pour vous dire.

Je me fie souvent à un détail qui me permet de décoder la personne face à moi. Emmanuel Macron n'a pas échappé à mon analyse qui se vérifie ensuite. Si un jour il m'invite à l'Elysée je ne me déplace pas. Ni fait de photo avec lui je ne le supporterai pas. Mon téléphone n'est pas équipé d'un appareil photo et tant mieux. Du coup j'ai l'excuse pour ne pas faire de selfie avec lui.

Macron – Un serpent à l'Élysée

Ce ne fut pas dur pour lui d'avoir le soutien du peuple. Après tout, au lycée, il a eu les cours de théâtre, alors la comédie sur les planches il maîtrise. Il ne m'inspira pas du tout confiance dès le début comme tous ceux avant lui. *John Kennedy* natif du serpent on a vu comment il a fini sa vie.

Coïncidence qui m'a surprise, Jackie et son mari étaient deux serpents. Comme Emmanuel et son épouse. Deux serpents à l'*Elysée*. Alors le tailleur qui vire au rouge à la fin de journée, je ne veux pas voir ça. Sinon l'histoire ne nous aura rien appris et nul ne sera en sécurité sur cette terre.

Quoique les attentats de 2015 en ont déjà fait la preuve de cet état de chose. J'ai juré de ne pas faire entendre ma voix aux élections en 2017. Mr *Mélenchon* avec son programme me faisait peur.

Macron – Un serpent à l'Élysée

Il est né sous le signe du chat et je préfère l'éviter. Laurent Wauquiez natif de ce signe aussi. On a vu comment le chat se comporta quand il était en colère face aux caméras.
- *La République c'est moi !*
L'esprit d'équipe ? *Je ne connais pas.* Tel est le chat. Indépendant est le félin ce qui est connu. Je peux comprendre qu'il se soit fâché mais il se devait de conserver un comportement exemplaire. Même Nicolas Sarkozy l'a répété à Ségolène Royal. *Il faut savoir garder son calme quand on est un Chef de l'État.* Laurent Wauquiez natif du bélier, le signe têtu. Manuel Valls le traita d'opportuniste dans l'hémicycle en 2016 et interviewé à Europe 1, le président des Républicains nia le port d'un gilet jaune en 2018 et il a remplacé *Nathalie Kosciusko* pour rappel.

Macron – Un serpent à l'Élysée

Quand *Wauquiez* se présenta en vue de devenir Président du conseil régional de ma région, je vous assure que je ne suis pas sortie de chez moi. Hors de question de voter pour lui mais au second tour, son rival, *Christophe Boudot*, était du *FN*. Cela a aidé à l'élection de Wauquiez.

Les meetings rassemblent les gens. La foule me permet d'avoir un aperçu de la popularité du candidat et me donne, dans la foulée, l'occasion de le juger. Si cela vaut la peine de voter pour lui. *Benoît Hamon* ne m'avait pas conquise avec son discours rôdé. Tout comme Nicolas Sarkozy, il est natif du signe *chèvre*. J'espère qu'un jour notre Président sera l'homme ou la femme natifs du signe du *chien*. *Trump* et *Édouard Philippe*, natifs de ce signe, sont différents mais aucun n'a lâché son poste ni flanché quand ils visent un but. Tel le chien avec l'os ou le capitaine qui tient la barre, quitte à piloter la galère contre vents et marées.

Macron – Un serpent à l'Élysée

Deux personnalités qui ne laissaient pas les autres de marbre. *Gémeaux*, signe de Trump, justifie le côté brouillon de ce leader qui ne se laisse pas intimider pour mener le peuple et son pays à la réussite. Monsieur *Philippe, chien de métal* d'où ce caractère ferme, ne baisse jamais les bras. Il l'a prouvé en occupant deux postes de ministre à la fois. Mais un Sagittaire, donc *agir avant de réfléchir.* Je n'en veux donc pas comme Président de la République.

Qui a oublié *Bill Clinton* né sous le signe du chien ? Personnage au joli sourire trahi par l'affaire sordide. L'Amérique paie encore à ce jour le prix pour avoir sali la réputation de ce président qui a tant fait.

Un lion dans le zodiaque mais aussi *chien de feu* le Bill. En interview à la TV en France, *Routskoï* a dit que l'Amérique s'en mordrait les doigts longtemps pour s'en être pris au Président sympathique au rire unique.

Macron – Un serpent à l'Élysée

Par contre si un *dragon* est en place à l'*Elysée* ce serait à marquer d'une pierre blanche. Il fera le ménage et choisira son entourage. *Poutine* natif du signe le prouva depuis tant d'années. Le dragon, signe fort du zodiaque chinois. Méfiance si l'un d'eux est à l'Elysée la France serait perdue.

Le sanglier ne doit jamais se fier au serpent, sinon il deviendra son esclave et Monsieur *Collomb* le prouve en fuyant son poste. Lui, né sous le signe du sanglier, en fit l'amère expérience. Aussi je m'inquiète pour Mr *Le Drian*, le *sanglier* sérieux qui ne cessa de mener la mission confiée. Je lui souhaite de profiter de sa retraite. Au cas où il ne peut reprendre son poste dans le futur. La presse confirma la démission de *Sylvain Fort*, conseiller proche de Macron. *Sylvain Fort*, autre sanglier. Décidément, le sanglier dans le Gouvernement fini par se faire griller à la broche.

Macron – Un serpent à l'Élysée

Cela fut le cas pour Gérard Collomb, qui avant de fuir son poste mit en garde le successeur sur la perte d'autorité prouvée sur certains territoires en France. Son avis tomba dans l'oreille d'un sourd vu que son remplaçant, Christophe Castaner est aussi un natif du signe du serpent.

Je ne vais pas jouer le charmeur des serpents aurait dit Mr Collomb au bout du compte. Au fait, un autre serpent qui avait accédé lui aussi au pouvoir. Mao Zedong, cela vous évoque un souvenir je suppose ? Sinon je vous suggère de lire la fiche qui lui est dédiée dans l'encyclopédie en ligne sur internet. Un parcours glaçant qui vous en apprendra beaucoup. Si le destin était écrivain, Stephen King ne saurait rivaliser pour effrayer autant les gens.

Un serpent en général est emporté par la maladie ou alors il est assassiné. Par exemple *Gandhi* pour prouver la théorie et *Kennedy* en 1963.

Macron – Un serpent à l'Élysée

Quant à *Nicolas Dupont Aignan* c'est un *boeuf de métal* et les gens nés sous ce signe ont la réussite matérielle acquise dès la naissance. *Pascal Nègre,* ancien patron de la maison de disques de *Mylène Farmer* qui elle aussi est un buffle. Ces trois nés en 1961 et faire de l'argent est leur spécialité. Je les félicite continuez sans moi. Un autre buffle célèbre de 1961 *Florent Pagny.*

Je ne vote pas pour Dupont-Aignan, il n'a jamais perçu le RSA comme moi. En plus il est poisson comme Wauquiez. Donc le slogan *Debout la France !* Je dirai plutôt *Au pied la France !* On est pas des chiens... Monsieur *Dupont-Aignan,* avec le respect que je vous dois et mes excuses, je vous rappelle que le programme ne fait pas le Président de la République. C'est le vote de confiance du peuple. Dire que Marine Le Pen voulait le placer à Matignon en cas de victoire en 2017. Catastrophe évitée.

Macron – Un serpent à l'Élysée

Pour conclure, *Laurent Fabius* natif du chien et du lion tout comme *Clinton*. *Laurent Fabius*, doublé par Mme Royal à la course à l'*Elysée*. C'est lui aussi qui avait annoncé à Macron le total de voix données à ce *Kid de l'Elysée*. Emmanuel Macron élu avec vingt millions sept cent quarante-huit mille cent vingt trois voix, une majorité absolue au second tour. Score à battre ?

Dommage que le destin n'a pu offrir l'occasion à *Laurent Fabius* de débattre en tête à tête avec *Nicolas Sarkozy*. Plutôt que Mme Royal et sa prestation décevante. En poursuivant sur le thème du chien, je vous présente Monsieur *Darmanin* né sous ce signe. Lors de l'élection 2022, il sera dans la remise à zéro de son karma. En 2022 il a 40 ans. Un homme qui aura une très belle carrière et son karma est fort.

Macron – Un serpent à l'Élysée

Détournement de fonds

J'ai entendu parlé de l'enquête faite sur la campagne présidentielle de Macron, à la suite de soupçons de détournement de fonds publics. Au début je n'y ai pas cru. D'après le journal, les collectivités de Lyon ont joué un rôle en versant d'éventuelles aides à Emmanuel Macron dans l'année qui précède la campagne présidentielle.

Macron – Un serpent à l'Élysée

L'histoire remise sur le tapis en été 2018. Gérard Collomb, maire de Lyon et le soutien de la première heure du Président Macron, passait par la case détournement de fonds publics. Moi, le Président Macron, il aurait lancé une cagnotte en ligne je ne lui aurais pas donné un euro.

Enfin, le mariage *Macron Collomb* a fini en divorce à l'amiable. Le sanglier ne doit jamais se fier au serpent car il en sera l'esclave. Si j'en avais eu l'occasion, j'aurais prévenu le maire de Lyon de ne pas fuir sa mairie pour Paris. Autre sanglier, *Laura Flessel*. J'ai assez cité de noms. Laura est aussi sagittaire. Idem pour Madame *Sibeth Ndiaye*.

Macron – Un serpent à l'Élysée

La canicule encore elle

En apprenant la construction d'une piscine au fort de Brégançon j'étais outrée. Non seulement elle a été construite sur la demande de Macron mais 34 000€ ont été investis dans les travaux. 34 000€ issus du budget vacances du Président. Somme qui aurait été la bienvenue pour soutenir les propriétaires des maisons inondées dans l'Aude comme on parle de baignoire pleine de flotte.

Macron – Un serpent à l'Élysée

Un canular la baignoire géante ? Non fait confirmé par *20 minutes* en août 2018. En plus Monsieur Macron dit ne pas aimer les piscines et préférait un bain de mer. Un comble donc la piscine à Brégançon. Alors qu'elle devienne publique si le président ne l'utilise pas.

La canicule de 2018 comme toutes les autres précédentes, je ne la supportais plus dans mon studio. Pourtant je suis née en juillet sous le signe du cancer. Un signe d'été qui, en principe, supporte la chaleur.

Le ventilateur brassait de l'air chaud en fin de journée malgré le fait d'être en vitesse maxi. Le réchauffement climatique me fait enrager. La Cop 21 a été organisée trop tard. Pour ceux qui ne connaissent pas encore *Al Gore*, procurez-vous vite son documentaire en DVD intitulé : *Une vérité qui dérange*. Film catastrophe visionnaire à la fois sur le *réchauffement climatique* en 2007.

Macron – Un serpent à l'Élysée

Depuis le temps que les scientifiques parlaient de la fonte de la banquise. Elle était un miroir qui protégeait des rayons solaires. Ce qui permettait à la planète de se rafraîchir et de ne pas avoir à souffrir de la chaleur étouffante comme en 2003. Tant de morts à cette époque qui auraient pu être évités. *Greta Thunberg* m'effraie, je n'aime pas son regard il y a trop de colère en elle. Elle est née sous le signe du cheval dans le zodiaque chinois comme *Pasteur,* le père du vaccin contre la rage.

Quand j'étais flic, je rédigeais les PV sur la voie publique en été 2006 et je n'en pouvais plus. Même si on me conseillait de ne verbaliser que les véhicules garés près des trottoirs à l'ombre.

La *mer de glace* à Chamonix n'a de *mer* que le nom de nos jours et une photo collector immortalisée sur la carte postale. La climatisation n'arrange pas les choses le changement d'heure ne sert plus à rien.

Macron – Un serpent à l'Élysée

Concept devenu obsolète pour faire des économies d'énergie. En 2018, j'ai voté pour que la mesure cesse d'être appliquée. Pourquoi ? Parce que je m'adresse à ceux qui comme moi ont connu les années 80. Aviez-vous la box, le PC, la climatisation ? Non. Vous aviez la télé, le magnétoscope et un minitel. Ainsi que le frigo et la machine à laver le linge.

Quand le téléphone portable et le PC associés à la tablette firent leur apparition il fallait fournir davantage d'énergie aux ménages. Recharger un téléphone ou une tablette cela consomme mine de rien. Vous avez vu au moins une fois les bornes de recharge en libre service dans les halls de gares. Le voyageur qui pédalait sans arrêt pour avoir un peu de jus dans la batterie. Il est inutile de jouer avec les aiguilles de sa montre, enfin si elle n'est pas digitale, cela n'a plus aucune utilité.

Macron – Un serpent à l'Élysée

En résumé la voiture électrique avec la climatisation généralisée ce ne sera pas pour demain, loin de là. J'ai en mémoire le fait d'avoir mangé un dessert à la lueur de la bougie en décembre 2016. Une chance d'avoir ces bâtons de cires en réserve chez moi. EDF a exécuté la mesure de coupures électriques suite à la capacité réduite des moyens en service.

Faut-il rappeler que la France a été touchée par une période de sécheresse en cette année ? Les centrales nucléaires ne sont plus de première jeunesse il faut leur laisser un répit quelquefois. En période de sécheresse les réserves des barrages sont insuffisantes pour prendre le relais. Ce ne sont pas des éoliennes qui fourniront de l'électricité pour tous.

Sans oublier l'EPR qui tarde tant à se mettre en route mais un de ses modèles fonctionne déjà en Chine. Je n'ai pas oublié les catastrophes *Tchernobyl* et *Fukushima*.

Macron – Un serpent à l'Élysée

L'eau dans une centrale doit être refroidie en cours de cycle et ne peut pas être rejetée si la température des fleuves est élevée. Les rejets d'eau des centrales y seraient pour beaucoup dans la variation de température des fleuves. En effet, pour refroidir ses circuits, une centrale pompe une grande quantité d'eau qu'elle rejette ensuite. La température de ces rejets est limitée selon les centrales. Le fleuve qui s'appelle le *Rhône*, malgré son débit élevé, *la réglementation recommande de ne pas dépasser la température de 25ºC*, précisait en juillet 2015 Daniel Reininger, président régional d'Alsace Nature. Ce seuil est déjà dépassé en aval à l'entrée de la partie allemande même que la température de ce fleuve aurait augmenté de 3ºC en un siècle pour info.

Macron – Un serpent à l'Élysée

Le réchauffement climatique est-il la cause d'inondations des départements en France ? Le *Zouave* de Paris a pris encore un bain forcé. Accéder à la propriété pour avoir un toit c'est fini. Il peut arriver une nuit où vous passez les pieds dans l'eau si par malheur vous vivez en zone inondable. Pensée aux habitants de l'Aude sinistrés récemment. Vous pouvez être expulsés de chez vous, même si vous payez le loyer. La trêve hivernale ne vous évitera pas de finir à la rue. La preuve avec les bâtiments qui se sont effondrés à Marseille. Parmi tous les films de science-fiction, *Waterworld* est celui qui nous est promis dans le futur. La montée des eaux avec la fonte des glaciers. Il faut construire des navires de croisière pour loger la population au lieu d'investir dans un porte-avion coûteux qui ne nous protégera pas totalement.

Macron – Un serpent à l'Élysée

Voir voguer sur les mers des HLM flottants tels ceux des croisières MSC ne me surprendrait pas. Je veux bien investir dans l'un de ces navires plutôt que dans l'immeuble qui s'effondre un jour. Qui n'a pas entendu parlé de l'arche de Noé ?

La planète a rendu l'âme en 2003. Il y a déjà 15 ans que la Terre a rendu son dernier soupir. Combien de gens comme moi l'ont compris. L'eau potable sera une denrée rare dans quelques années. Depuis le temps qu'on vous le répète *l'énergie est notre avenir, économisons-la*. Même l'eau de l'océan est exploitée, mise en bouteille en plastique. Ceux qui veulent supprimer les bouteilles plastique on fait comment ? On revient à la bouteille en verre avec la consigne ? Depuis quelques mois je fais le stock de bougies. J'ai aussi les conserves. Je me méfie du futur. Je garde une somme en liquide en permanence en cas de panne informatique qui paralyserait les banques.

Macron – Un serpent à l'Élysée

Vous aurez du mal à retirer votre argent au distributeur. Même que les clients n'ont pu effectuer d'opération en ligne ni retirer de liquide en DAB. Les banques avec leurs pannes informatiques on en a déjà touché un mot dans les journaux.

  La sécheresse occasionnera aussi la pénurie de patates. Les frites seront rares en restaurant. Que les fast-foods prévoient les stocks de frites surgelées pour ne pas être pris au dépourvu. J'ai contribué à la mort de la planète. En 2003, j'achète mon premier téléphone portable et en 2009 j'ai un ordinateur. L'administration développe ensuite le parc informatique, cela accélère le processus. Le télétravail va prendre le relais et chaque ménage aura son PC à la maison. Les centrales nucléaires seront une menace et vous serez contraints alors de rationner votre demande d'énergie.

Macron – Un serpent à l'Élysée

HUFFPOST 24 juin 2018

POLITIQUE - La fameuse piscine polémique du couple Macron au fort de Brégançon a enfin un prix. La nouvelle a fait grincer des dents le 21 juin, lorsqu'il a été annoncé que le couple projetait de construire un bassin hors-sol au sein de la résidence officielle du président de la République. Ce dimanche 24 juin, l'Élysée a communiqué au *Journal du dimanche* le prix de cette installation: 34.000 euros. Un chiffre également évoqué par *Le Parisien*.

Cette piscine "sera démontable" et "profonde de 1,20 mètre, longue de 10 mètres sur 4", précise l'hebdomadaire.

Toutefois, la présidence tient à rassurer sur les dépenses d'un tel projet Le coût sera en effet amorti, selon elle, car cet aménagement permettra d'économiser 60.000 euros, "soit le prix de deux embarcations de gendarmerie, d'ordinaire dévolues au sauvetage en mer, et qui sont mobilisées l'été pour la protection du président".

"Préserver l'intimité de la baignade des enfants"

L'Élysée avait déjà précisé que les dépenses de la construction et de l'entretien de la piscine seront intégrés aux 150.000 euros de budget annuel alloué au fort. L'objectif étant de "préserver l'intimité de la baignade des enfants", avait également précisé la présidence.

Macron – Un serpent à l'Élysée

LA POLLUTION

Je vous entends d'ici. *Joanne si vous êtes si douée pourquoi ne pas prendre la place de Monsieur Macron et rétablir un ordre juste dans le pays ?* Parce que je n'ai pas été élue et je n'avais pas présenté ma candidature d'une part. D'autre part, je ne veux pas m'installer à l'*Elysée* dans le luxe quand d'autres n'arrivent pas à boucler la fin du mois ou dorment à la rue sous une tente dans le meilleur des cas.

Macron – Un serpent à l'Élysée

C'est un Palais où je ne me vois pas en reine. Gagner 20 000 € par mois sur le dos des compatriotes, je ne peux accepter. Je ne dormirai plus la nuit car j'aurai trop mauvaise conscience. Ceux qui convoitent l'*Elysée*, la plupart donnaient l'impression de gagner le pari fait entre amis ou relever un défi. Pire, se passer un caprice. Déjà en 2007, *Une vérité qui dérange* film d'Al Gore fut visionnaire. Je l'ai vu pourquoi les chefs d'Etat n'ont pas saisi le message ? Il est bien trop tard pour sauver notre planète. Le proverbe indien était pourtant plein de sagesse : *La terre notre mère ne nous appartient pas. Ce sont nos enfants qui nous la prête.*

Rappel aux lecteurs : *Nous voici donc presque au bout du chemin et sans doute au début d'un autre*. Mots prononcés par un *Laurent Fabius* ému lors de la COP 21.

Macron – Un serpent à l'Élysée

Salutations à *Nicolas Hulot* mais je préfère la chanson de Mickey 3D : *Il faut que tu respires.* La couche-culotte déclarée l'invention du siècle. La lingette a pris le relai depuis mais ces tissus pratiques sont imbibés de produits non conçus pour être recyclés bouchent les stations d'épuration.

Depuis combien de temps on aborde l'idée de supprimer le ticket de caisse et le sac plastique en magasin ? Je le vois tous les jours le sac au rayon fruits et légumes. Le ticket de caisse au code barres pour déverrouiller les portillons avant de sortir du magasin. Consternant ces emballages. La boîte cartonnée et dedans les pochettes aluminium pour la portion individuelle.

Ces mégots jetés n'importe où, je ne fume pas je ne contribue pas à la pollution sans fin. Comme le papier bonbon jeté sur le trottoir mais la poubelle est à deux pas.

Macron – Un serpent à l'Élysée

Participer à une *clean walk* ? Hors de question d'être l'esclave des fumeurs. Au contraire cela les éduqueraient. Je ne ramasserai pas les mégots à leur place. La ville de Lyon a équipé ses poubelles de rue ainsi que les arrêts de tramway avec des cendriers alors faut pas pousser car je sais faire la différence entre rendre service et être bonne poire. Ex flic je vous conseille de laisser ces mégots sur la voie publique. Peut-être que l'un d'eux va confondre un suspect venu repérer le lieu de son crime, avant le passage à l'acte. Donc un indice utile pour l'enquête.

La pollution ici ou là-bas, on en parle entre deux bouchées à table. D'ailleurs je ne peux plus supporter cette pollution aux particules fines l'hiver. Si EDF ne suit pas la demande en énergie avec les radiateurs électriques je fais comment chez moi ? Les radiateurs je les rallume en novembre au lieu d'octobre comme il y a 10 ans environ.

Macron – Un serpent à l'Élysée

Dans mon adolescence au cours des années 80, nous avions quatre saisons et de la neige en décembre. On faisait de la luge l'hiver et le bonhomme de neige pour nous tenir compagnie dans le froid. Fini tout ça. La dernière fois que la neige est tombée sur Lyon c'était en janvier 2018 et cela n'a duré qu'une journée.

J'ai dû faire du stop pour aller à mon boulot les bus à Lyon rentraient au dépôt et le tramway en service minimum. J'étais loin de la station de métro pour y aller à pied sinon j'aurais pu rejoindre mon lieu de travail sans souci. Aller bosser en stop ce fut la première fois de ma vie que j'y ai eu recours. Concernant les *gilets jaunes* je salue leur initiative toutefois je ne peux pas évaluer le coût annuel d'une voiture car j'en ai jamais eu. Dire que les anciens Premiers ministres ont un véhicule avec chauffeur toute l'année. Moi je fais du stop pour aller au boulot les gars.

Macron – Un serpent à l'Élysée

Depuis l'âge de 11 ans j'utilise juste les transports en commun. Je prends aussi le TGV pour mes déplacements vers le sud de la France lors des congés d'été. Ce qui m'évite d'être bloquée dans la longue file d'attente des *juillettistes* et *aoûtiens*. Je fais le voyage avec la clim bien installée avec WC en bout de wagon. Inutile d'attendre la prochaine aire d'autoroute. Je n'ai pas non plus connu la fatigue de la conduite ni mis de la monnaie dans un péage de ma vie.

Le 1er mai à Lyon, ni bus ni métro ne circulent lors de la *fête du travail*. Ce jour-là, si la météo est clémente, je sors pour une balade à pied au calme. C'est la seule journée de l'année où je peux flâner en ville en silence car il y a peu de voitures qui circulent. L'air y est un plus sain en ce jour férié. *Paris sans voitures* j'imagine ce que cela doit être. 2008, j'ai vécu six mois sur Montreuil en Seine-Saint-Denis quand j'étais agent de police à l'époque.

Macron – Un serpent à l'Élysée

De retour à Lyon en 2009, j'étais si malade et aphone aussi. Je toussais jamais mais on me prescrit de la cortisone pour la première fois de ma vie. Après trois jours de traitement ma voix était revenue.

Monsieur Macron comme les autres a tenté de rallier les dirigeants pour aller dans le bon sens. Chaque Gouvernement doit cependant affronter sa couleur. *Rouge* pour *Hollande* et *les bonnets rouges*. *Jaune* pour Macron et les *gilets jaunes*. Couleur annoncée par mon ami Gérard avec son humour il me l'a dit :
- *La France est malade mais le docteur (le Président) se trompe dans son ordonnance qu'il prescrit (programme du candidat). Tu verras Joanne il va encore lui prescrire des placebos (les mesures dans le programme). Après la rougeole (comprenez les Bonnets Rouges) le pays aura la fièvre jaune difficile à faire retomber (Les Gilets Jaunes).*

Macron – Un serpent à l'Élysée

Temps précieux perdu pour changer la donne. Heureusement que je n'ai pas eu d'enfant, je ne me serais jamais pardonné de lui imposer ce monde pollué. Je n'ose pas me baigner dans la mer quand je suis à Cassis. L'usine *Altéo* rejeta durant 60 ans les *boues rouges* dans le parc national de Cassis. Je suis déçue quand je regarde un reportage sur le sujet.

Seulement, pour avoir la batterie de voiture électrique, il faut de l'*alumine*, qui est un composant utilisé pour fabriquer un écran de téléphone. La bauxite terre rouge d'où la couleur des boues citées. Vous ne fixerez plus l'écran du smartphone de la même façon. Je ne juge, c'est pas mon job. Je comprends que l'on passe en priorité la production des usines car dans l'immédiat nulle alternative pour éviter la fin de vie du site. Une solution est étudiée depuis le temps que tous les journaux en ont parlé ?

Macron – Un serpent à l'Élysée

Au risque de mettre au chômage des gens qui ont besoin de travail. Est-ce que ces ouvriers seront victimes comme ceux qui manipulaient l'amiante ? Cela ne veut pas dire que je suis d'accord avec ce qui se passe. Quand le constructeur de voitures a déjà le réflexe de recycler une partie des matériaux utilisés pourquoi dans ce cas ne pas en faire une règle obligatoire pour les autres domaines ?

Avant de réaliser ou de mettre sur le marché un produit, systématiquement il faut penser à la façon dont il sera recyclé en fin de vie. Quand un humain meurt on fait le nécessaire ?

En parlant de l'enterrement, cela me rappelle ces déchets radioactifs enfouis en containers. Sont-ils bien isolés ? Je n'ai pas oublié *Into Eternity* long documentaire de *Michael Madsen* sur le stockage de déchets radioactifs en profondeur en Finlande. Un bâtiment conçu pour durer 100 000 ans.

Macron – Un serpent à l'Élysée

Cent mille ans mais je ne serai plus là pour le vérifier. Ce film pose la question de savoir si cet héritage empoisonné serait un jour trouvé par les générations futures.

La planète *Terre*, un vieux souvenir dans ma mémoire. Je souhaite partir avant mes 70 ans. Cela sert à quoi finalement de nommer au gouvernement un ministre *de la transition écologique et solidaire* ?

François de Rugy a tenu ce poste et il est boeuf comme Florent Pagny. Déjà 40° l'été c'est trop pour moi, je n'ose imaginer ce que cela sera dans les années à venir. En été 2018, il fait 50° à Alger. Une pareille température en France, risque majeur sur les équipements de SNCF vieillissants. Une piscine Mr Macron ? Ce sera quoi après ? En période de sécheresse il s'est offert une baignoire géante quand les départements souffrent de restriction d'eau. Le gazon va jaunir tant pis si il ressemble à la paille.

Macron – Un serpent à l'Élysée

Le troupeau ne mangera plus car les agriculteurs n'auront pas les moyens de le nourrir. Le bétail sera vendu à perte afin de payer les factures.

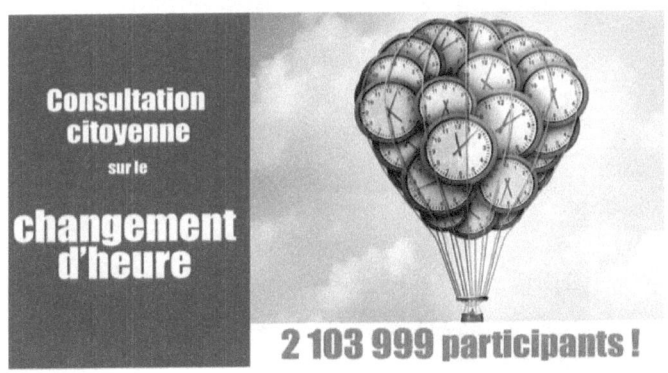

Macron – Un serpent à l'Élysée

Macron – Un serpent à l'Élysée

Le serpent est cérébral

Celui ou celle qui a vu le jour sous le signe du serpent est jugé comme un être à l'esprit vif. Le reptile est réputé pour faire carrière dans le domaine de son choix. Le Président de la France le confirme. Il sait jouer du piano et emploie des mots dont on cherche la définition dans le dico pour en comprendre la signification quand on a le temps.

Macron – Un serpent à l'Élysée

Il utilise des termes *vieillots* quand *Donald Trump* a besoin de 140 signes pour dire sa pensée sur *twitter*. Un seul est à la page sur les deux. Le défi pour Macron est son stimulant. Son élection fut la preuve flagrante. Je reconnais que ce fut un coup de poker mais *Pacta sunt servanda* là par contre j'ai rien vu du tout. D'ailleurs, chers lecteurs, lors de ma recherche d'emploi je ne traversais pas la rue.

Non, je me soumettais aux tests de sélection en ligne puis à l'entretien si mon CV était retenu. Cela fut rare passé l'âge de 40 ans. Dans le cadre du recrutement du président de la République, est-ce que les électeurs ont réclamé le CV au candidat proposé ? Non. On se base sur des critères tels que le minois ou sa façon de parler. Le bagout fait le reste en meetings. Celui qui s'exprimera mieux et présentera est élu.

Macron – Un serpent à l'Élysée

On peut parler là d'*ipséité*. Monsieur Macron peut se reconvertir en mannequin dans la pub de parfum ou pour costumes taillés sur mesure. Il y sera à son aise. *Un Bayard ça vous change un homme* pas le cerveau.

Les points forts du Président 2018 ? Je vous rassure il en a. D'abord sa volonté et sa pugnacité. Rien à redire sur ces deux points. Il déteste se faire mener en bateau sauf si c'est lui qui sabordera le navire. Sa confiance en lui inébranlable le mène dans les entreprises hasardeuses.

Il veut qu'on l'admire et ne supporte pas qu'on lui résiste. C'est perdu d'avance avec moi Monsieur le Président, bon je ne vais pas le répéter à chaque page du livre consacré à sa *grandeur*. Natif du sagittaire, sa planète est *Jupiter* celle de la chance. Il va en avoir besoin.

Macron – Un serpent à l'Élysée

Le serpent est amateur de ce qui est raffiné. L'art, la philosophie et j'en passe. Ce Président fera preuve d'élégance en toute circonstance comme son épouse que je salue. Ces deux-là se soucient de leur image ce qui est bien. Il faut enseigner à la génération actuelle la présentation. J'en ai vu des chômeurs à *pôle emploi* en jogging et tennis sales au lieu porter au minimum un jean et pompes cirées. La présentation c'est 60% du choix de la candidature par le recruteur. Je me permets la remarque car le gars en survêtement à *Pôle emploi* a sorti devant moi le smartphone qui, selon moi, coûtait plus cher que mon sac. Même de nos jours dans les écoles on s'interroge sur les tenues portées par les élèves.

Le serpent pour en revenir à lui, il ne supporte pas si l'on vise à lui nuire ou si on le brusque dans ses choix.

Macron – Un serpent à l'Élysée

Bref, il préfère y aller à son rythme et faire ce qui lui plaît. Rester son propre *maître*. Après l'effort intense, il a besoin de se mettre au vert. Ce reptile dépense une énergie qu'il ne sait canaliser et gaspille sans compter. Enlevez-lui les piles merci ! Il est toujours *En Marche* !

Peu communicatif, dès qu'il prend la parole il choisira le média de masse tel le journal télévisé. Pour lui, les conversations *oiseuses* seront ennuyeuses, il ne supporte pas la bêtise. Compte tenu de son bagage intellectuel, il lui faudra du répondant.

Remettre le collaborateur à sa place, il ne se gênera pas pour le faire et donner l'exemple de conduite à tenir envers lui. Il est tactile. Caresser la tête ou la nuque de ceux qu'il aime est sa marque de tendresse envers eux. Il est minutieux et déterminé. Il se montre impitoyable, inflexible afin de parvenir à ses fins.

Macron – Un serpent à l'Élysée

Vous êtes prévenus et passez votre chemin pour les doléances. En manager, il serait parfait en Directeur du personnel de société. Motiver les troupes ne lui poserait aucun souci. Il dirige le pays comme une entreprise. Il a besoin de calme et aussi de stabilité pour avoir des repères solides au quotidien. Quand Brigitte le quittera, il lui faudra faire face à une remise en question. Perdre l'être cher, la blessure qui ne peut se guérir pour lui. Il choisit ses amis avec soin et se montrera exigeant envers eux. Il ne leur pardonnera ni abus de confiance ni trahison. Conquérir, relever le challenge, la *compétition* en un mot est la raison de vivre du serpent à l'Élysée.

Sa langue fourchue a susurré ce que vous vouliez entendre en meeting comme le serpent d'Harry Potter. Le petit sorcier lui parle le *fourche langue* mais pas moi. La fin du quinquennat viendra il suffit d'être patient.

Macron – Un serpent à l'Élysée

Courage, même si beaucoup veulent sa peau. Le reptile qui dort à l'Élysée ne va pas arrêter de muer et vous en aurez un petit bout promis.

Monsieur Macron comme Monsieur Sarkozy, a une vision globale de mener la France à la réussite. Je les félicite mais ils ont oublié que la France n'est pas un pays de fainéants et que la société ne se soumet qu'à un changement à la fois.

Le *mariage pour tous* est adopté et la PMA fait son chemin. La France n'est pas qu'un hexagone, c'est aussi un mélange de populations et de religions aux convictions à respecter. Des êtres qui ont leur façon de voir les choses. Moi, à 48 ans, j'ai cessé de croire à ces promesses électorales. Je suis venue au monde sans qu'on me demande mon avis tout comme vous.

En venant au monde faut-il *vivre ou survivre ?* Un peu des deux je dirai.

Macron – Un serpent à l'Élysée

 Je vous déconseille d'avoir recours à un *vote sanction* en 2022 vous y perdrez tous. J'irai aux urnes en 2022 et je jure de ne pas donner ma voix à Macron comme en 2017. Si il est réélu, je fais ma valise et je quitte la France pour cinq ans.
 Laurent Wauquiez fut visé en 2018 par des critiques violentes dans ma région. Le Maire de Bourg en Bresse, Mr *DEBAT*, vous en parle mieux que moi. Si Wauquiez se lance à la course à l'*Elysée* ce sera pour se passer un caprice personnel et surtout pas pour défendre nos intérêts. D'ailleurs j'ai lu l'ouvrage consacré à *Wauquiez* écrit par *Philippe Langenieux-Villard*. Je ne peux que vous recommander sa lecture.

 Laurent Wauquiez je n'en ai pas été si satisfaite en tant que Président de ma région Auvergne-Rhône Alpes. Il aura 52 ans lors de l'élection en 2027 et je ne voterai pas pour ce Monsieur.

Macron – Un serpent à l'Élysée

Daniel Balavoine l'a dit haut et fort. Il a aussi tapé du poing sur la table face à Mitterrand. Moment visionnaire archivé à l'INA. En 2018 les retraités se mêlent pour la première fois de leur vie aux cortèges de manifestants. Ils n'avaient pas envisagé de rejoindre un jour ceux qui s'insurgent. Sous les fenêtres de mon bureau en 2018 j'ai vu le défilé de ces cheminots. *France tu dérailles on voudrait que tu te remettes sur les bons rails.*

Même les asiatiques présentent des excuses quand un train n'a qu'une minute de retard. Avez-vous vu cela une fois en France ? Moi jamais. Rendez-vous compte mes lecteurs, les retraités qui manifestent pour leur pouvoir d'achat. Tout cela ne me rassure pas pour mon avenir.

La nouvelle génération après moi quel sera son avenir ? Quand je vois que des enfants viennent au monde sans bras ? Pire, abîmés par le cancer...

Macron – Un serpent à l'Élysée

Un ouvrage de 140 pages écrit par :
Philippe Langenieux-Villard, licencié en droit et diplômé de l'institut d'études politiques de Paris. Officier de réserve de l'armée de terre mais aussi Chevalier de la légion d'honneur et Chevalier des arts et lettres.

2018
Editions Philippe REY

Macron – Un serpent à l'Élysée

Fonctionnaires contractuels

Fonctionnaires contractuels, un titre idéal pour un sketch de Coluche. Depuis mes premiers pas sur le marché du travail, j'ai signé beaucoup de contrats à durées déterminées. Dès l'âge de 20 ans j'étais en CDD en tant que secrétaire dans l'armée de l'air. Engagée volontaire en uniforme tandis que Macron n'a pas fait son service militaire. Il est chef des armées en plus. Un comble !

Macron – Un serpent à l'Élysée

Je ne sais pas pourquoi mais ça s'est toujours passé ainsi pour moi. Durant ma carrière, j'ai souvent occupé des postes en CDD dans l'administration pour la plupart d'entre eux.

Février 2018 j'ai écrit au Président de la République pour lui faire part de mon point de vue sur le thème du départ volontaire des fonctionnaires. J'ai regardé un soir l'émission *C'est dans l'air* diffusée sur la cinquième chaîne. Le débat du soir *Macron veut un big bang* a retenu toute mon attention. Le Président qui souhaite réformer le statut des fonctionnaires pour le remplacer par les contractuels. Les gens présents sur le plateau de l'émission ont donné leurs avis sur ladite réforme.

Les arguments étaient suivis par les conséquences susceptibles de découler de la réforme envisagée. J'étais captivée par les opinions qui donnaient tant à réfléchir.

Macron – Un serpent à l'Élysée

J'ai suivi les échanges jusqu'au bout. Comment financer la retraite du nouveau statut. La retraite des fonctionnaires est versée par l'État. Ces agents vieillissants vont demander à leur tour à l'État de faire un effort afin de leur assurer un revenu.

En 2020, tant d'agents partiront à la retraite à 62 ans. Les caisses devront gérer l'affluence de ces nouveaux venus. Je n'ose imaginer le bazar le moment venu avec le prélèvement à la source. Je me constitue le bas de laine comme mamie.

Le prélèvement à la source après la CSG et le RDS. Ce sera quoi après ?

Dans ma lettre envoyée au président je lui expliquais ma situation en tant que contractuelle hiver 2017. Embauchée dans une administration pour laquelle j'ai déjà bossé comme contractuelle en 1999. Cela revient à dire que mon poste ne fut jamais tenu par un agent titulaire en dix-huit ans environ.

Macron – Un serpent à l'Élysée

Je plaidais ma cause et cela m'a juste coûté qu'un timbre. En fait j'ignorais qu'il ne fallait pas affranchir la lettre quand on écrivait au Président. C'était la première fois que j'écrivais à un haut-fonctionnaire dont je n'ai jamais reçu de réponse. Son courrier était traité par l'équipe de petites mains prévue à cet effet je suppose.

Par contre, Madame Macron, c'est le contraire. Elle répond la Première *Dame de France* que je salue avec respect. Tout ce que je voulais, c'était qu'un conseiller fasse part de ma requête à ce Président. Aujourd'hui, je n'attends plus sa réponse toutefois je suis partante pour un nouveau poste de contractuelle de cinq ans.

Histoire d'attendre mes 60 ans bien au chaud au lieu d'attendre encore 17 ans que la même administration fasse appel de nouveau à moi. Voilà Monsieur Macron, je complète mon mot de la dernière fois.

Macron – Un serpent à l'Élysée

Je passais la journée à saisir tant des feuilles de soins au kilomètre sur l'écran noir aux caractères verts en 1996. J'avais 25 ans et à l'époque mes yeux souffraient déjà de l'éclat de l'écran.

La saisie prolongée sur un PC m'est déconseillée avec ma mauvaise vue. J'ai un début de presbytie ce qui n'arrange rien. Je confie les manuscrits à l'assistant pour les mettre en forme à ma place sur le PC. Comment feront nos jeunes plus tard eux qui passent tant de temps sur les écrans de téléphone ? De plus leurs nuits seraient courtes d'après un sondage.

Fonctionnaire ce n'est pas fait pour moi seuls mon frère et sœurs le sont. Deux à la Poste une en police Nationale. Même en passant la visite médicale avant la prise de poste, le médecin assermenté n'émit de réserve sur mes yeux. Normal. Vous en connaissez autant que ça des médecins qui vous empêchent d'aller bosser ?

Macron – Un serpent à l'Élysée

Dommage car précisé. Quand le chef de service m'attribua le poste d'opératrice de saisie, je n'ai pas caché ma déception. Je prenais le temps de préparer un concours pour obtenir le poste stable et ne pas avoir à traverser la rue comme conseillé par le Président, au final je suis recalée.

Un concours administratif toutefois ce n'est pas comme une offre d'emploi qui détaille la mission, la rémunération. Ainsi que les avantages et les inconvénients, le port de charges lourdes ou parler anglais. Disponible jours fériés ou véhicule requis car site non desservi par le bus. Parfois on exige le permis pour des déplacements.

Promis je ne tente plus de concours comme le Gouvernement ne veut plus de fonctionnaires. Déjà contractuelle en 2000 au *Trésor Public* lors du recouvrement de la taxe d'habitation. Le web à cette époque n'existe pas et je renseigne les usagers par téléphone.

Macron – Un serpent à l'Élysée

J'archivais et triais des dossiers. J'ai aussi apprécié le poste en association pour les majeurs protégés. Les missions variées confiées et je ne vois pas le temps passer assise sur ma chaise. J'ai obtenu le poste durant un surcroît d'activité. L'association n'a pu me garder à l'issue de mon contrat. Dommage car j'aime les tâches et le poste auquel je suis formée et efficace. Cherchez l'erreur. Aussi, le *plan préfecture nouvelle génération* sonne le glas pour les agents de la fonction publique. Ce *PPNG* qui vise à encourager l'usager à faire ses démarches sur le net. Si vous n'êtes pas à l'aise avec le web prenez un numéro et faites la queue. *Illectronisme*, un phénomène qui prend de l'ampleur. Ceux qui n'ont pas accès au net inscrivez-vous à la médiathèque proche de chez vous car elle a l'*espace numérique*. En une heure vous créez votre profil sur le net et faites vos démarches en ligne.

Macron – Un serpent à l'Élysée

C'est comme ça que j'ai fait quand je n'avais pas de quoi me payer un PC ou la connexion internet. Je n'ai le web chez moi qu'en 2009 car le forfait est inclus dans le loyer mensuel de la résidence où j'ai posé la valise.

Il fallait savoir se débrouiller quand on a pas un radis en poche ce qui fut mon cas. Je n'ai jamais baissé les bras. Enfin à l'époque je n'ai pas 47 ans et j'ai encore la force et le courage de croire ce que l'on me dit. J'étais jeune, naïve tous les défauts. On faisait de moi ce que l'on voulait. Ce temps-là est révolu et l'on ne me manipule plus. Je devrais épouser un président de la République ainsi on me ficherait une paix royale dont chacun rêve. Je n'aurai plus à me lever aux aurores et j'aurai toujours à manger au frigo. Même piquer la tête dans la piscine enfin si des drones ne viennent pas me gêner pendant mon crawl.

Macron – Un serpent à l'Élysée

Si vous l'ignorez, l'Estonie est de nos jours le leader de la dématérialisation. Il existe là-bas le cloud portable sur lequel sont incluses les données personnelles. Un support type carte bancaire qui contient la carte d'identité, permis de conduire tous documents utiles pour faire la démarche avec l'administration. Pour créer la société un quart d'heure suffit et on déclare dans la foulée le premier salarié. Non je n'ai pas bu. Même que là-bas le Président est une femme. Quand je dis qu'ils sont en avance sur nous. Bon sang mais qu'est-ce que je fais en France ?

Si *Marine Le Pen* est élue, j'ai peur que sa nièce partage le pouvoir avec elle et que l'on se retrouve avec deux têtes au pouvoir en 2022. Ce serait la première fois que la *Première Dame de France* le serait au sens propre et figuré à la fois. Marion dirige à Lyon l'Institut de Sciences Sociales Économiques et Politiques.

Macron – Un serpent à l'Élysée

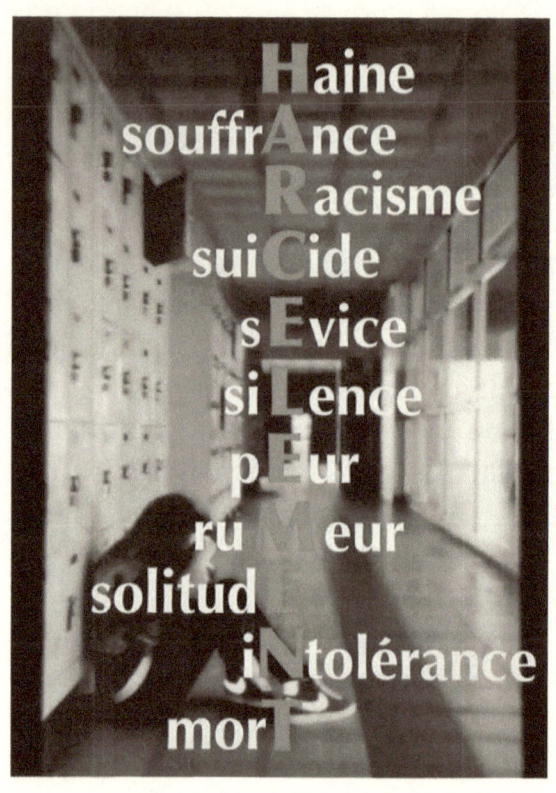

Macron – Un serpent à l'Élysée

UNE ARME AU COLLÈGE

Un dimanche matin en me levant je me disais que cela allait être une belle journée avec le ciel bleu et le soleil. En allumant la télé pour regarder les infos en prenant le petit-déjeuner, je découvris la vidéo surprenante. Dans celle-ci on voyait l'élève pointer une arme sur le professeur. Sur le coup j'ai jugé qu'on était monté d'un cran dans la délinquance.

Macron – Un serpent à l'Élysée

Moi-même je n'aurai jamais imaginé qu'un fait-divers tel que celui-ci pouvait se produire en France. Finalement à quoi cela sert-il de regarder les vidéos postées sur les réseaux sociaux américains si elles ne nous servaient pas de leçons ?

J'ai attendu mes 47 ans pour voir ce genre de chose. On a quand même parlé de ces faits-divers du même genre survenus aux USA avec les fusillades dans les lycées non ? Du coup je ne serai pas surprise si les écoles se vidaient dans l'avenir et les voir remplacées par le CNED.

Voire d'autres organismes du genre essaimer avec l'enseignement à distance à nos élèves du pays. Après tout c'est ainsi que ça se passe pour les enfants du cirque. L'école le matin, l'entraînement pour finir la journée. De nos jours, la mère de famille quand elle voit son gosse aller à l'école je me doute qu'elle se demande : *Est-ce qu'il va revenir vivant ce soir à la maison ?*

Macron – Un serpent à l'Élysée

La mise en place des agents dans le but d'assurer la sécurité dans les écoles je ne pense pas que cela suffirait. Lorsque je compare l'école d'hier à celle de nos jours les mentalités ne sont plus pareilles. Voyez les jeunes qui se fixent rendez-vous sur les réseaux sociaux pour se taper dessus dans la banlieue. L'insécurité est partout et c'est pour ça que je dis que l'école se fera à la maison dans le futur. Pourquoi pas ?

L'occasion pour la CAF de ne plus avoir à verser l'allocation pour la rentrée. Les parents auraient l'esprit tranquille en ayant les mômes sous la main. Terminé l'absentéisme et les gosses apprendraient à leur rythme ce qui générerait moins de postes d'EVS en contrats aidés.

Tout en contribuant à la scolarité de ceux qui se sentent harcelés dans la cour de l'école, qui ne veulent pas y retourner. D'ailleurs l'école n'est pas obligatoire mais c'est l'instruction qui l'est.

Macron – Un serpent à l'Élysée

Jules Ferry avait évoqué le caractère obligatoire de l'école avec la loi de mars 1882 qui toutefois précisait que ce n'était que l'instruction et seulement elle qui était obligatoire. L'école pouvait être remplacée par la famille ou la personne désignée par les tuteurs.

On t'a fait des misères à l'école parce qu'une fille t'a craché à la figure ? Je n'en ai pas parlé jusqu'à ce jour. Qui s'en serait soucié quand cela m'est arrivé au collège dans la cour en classe de sixième ? Même qu'une fille a voulu me brûler les cheveux avec un briquet. Une de ses amies tapa sur ma tête quand elle vit les cheveux en train de brûler. J'ai eu de la chance mais *Michael Jackson* a connu pareille aventure lors du tournage d'un spot pub et a fini à l'hôpital.

Une chance qu'à cet âge-là j'ai déjà la paire de lunettes pour nettoyer le crachat qui m'a humiliée mais endurcie. Je n'ai que 11 ans mais je n'ai jamais oublié.

Macron – Un serpent à l'Élysée

Je n'ose imaginer ce qui aurait pu se produire en devenant la cible des réseaux sociaux s'ils avaient existé dans les années 80 de mon adolescence. Quand je vois le gosse mettre fin à ses jours car il n'est pas en mesure d'affronter les bourreaux, j'ai mal pour ces petites victimes. Il faudra du temps pour se reconstruire à ces élèves. En plus le ministre de l'éducation est un sagittaire. On n'est pas sortis de l'auberge.

Soutien aux professeurs, la mission au quotidien n'est pas facile. Combien de personnes âgées ont eu le bac en candidat libre et l'ont eu ? Je dis ça je dis rien. Je me souviens qu'à mon époque il fallait payer le timbre fiscal pour les frais de diplôme. Ma mère fut surprise quand je lui ai dit de mettre la main à la poche. Une chance que tout était noté dans le carnet de liaison. Sinon elle se serait imaginé que j'allais me payer un paquet de clopes.

Macron – Un serpent à l'Élysée

Un appel aux migrants ?

Macron – Un serpent à l'Élysée

Un coq à l'Elysée ? Non!

Je reconnais qu'un coq à l'Elysée, ce serait tout un symbole. Une voisine m'a dit un jour sur le ton de la plaisanterie que le Français c'est tel le coq. Il a les deux pieds dans la merde. *François Asselineau* et *Alain Juppé* sont natifs du coq dans le zodiaque de la Chine.

Macron – Un serpent à l'Élysée

Juppé et ses *jupettes* remerciées par le gouvernement après seulement six mois de présence. *Edith Cresson,* notre Première *dame de fer* car à ce jour elle est l'unique à avoir accédé à la prestigieuse fonction. Je vous salue Mme *Cresson* et vous êtes née aussi sous le signe du coq.

Louis Aliot, un coq comme *Bruno Le Maire* et *Olivier Véran*. *Chaban Delmas,* lui c'était un chat et un natif poisson comme Wauquiez. Vous voyez ce que cela a donné au final : une démission.

Les Laurents réputés bavards et qui observent leurs semblables par exemple : *Voulzy, Gerra, Fabius, Ruquier, Wauquiez Delahousse* et *Romejko*. Je ne dis pas que je peux faire mieux que notre Président de la République et le Premier Ministre réunis. Le Gouvernement fait son possible mais je juge sa communication maladroite. Mal à droite même à gauche (jeu de mots).

Macron – Un serpent à l'Élysée

Sinon, je souhaite de tout cœur que ces lignes vous permettent de cerner ceux qui vous gouvernent. 1789 semble si loin. Quand je pense que ma date de naissance est tombée le 14 juillet. Une date devenue un jour férié de plus dans notre calendrier. Cependant, je dis que le *vote sanction* ne mènera nulle part et que la démocratie ça n'existe plus.

L'ochlocratie ce n'est pas la solution idéale. Si vous votez Marine *Le Pen,* vous aurez une *Madame Le Pen* mais pas celle à laquelle vous pensez. Depuis combien de temps votons-nous pour un Président ? Au final, le Premier Ministre on a jamais eu un droit de regard sur sa candidature ! Cela est un comble de parler de démocratie !

Il faudrait mettre en place la période d'essai dans le mandat du président. Si au bout d'un an le Chef de l'État est incapable d'obtenir des résultats on le vire.

Macron – Un serpent à l'Élysée

Il a eu les exemples sous les yeux, le nouvel élu doit avoir tiré les leçons des prédécesseurs. On change bien le Premier Ministre en cours de mandat pourquoi pas le président ? Sinon inutile d'organiser les élections. Marre des candidats qui logent à l'*Elysée* les mains dans les poches sans la couleur d'un programme solide pour leurs électeurs.

Macron – Un serpent à l'Élysée

SALARIÉE JETABLE

*Aujourd'hui on a plus le droit
ni d'avoir faim ni d'avoir froid.*

Un artiste écrit ces paroles en 1986 sans se douter qu'elles seraient d'actualité au 21ème siècle. Ai-je tort Mr Goldman ? Je ne me souviens plus à partir de quel âge j'ai perçu la première fois le RMI *Revenu minimum d'insertion.*

Macron – Un serpent à l'Élysée

Une allocation versée entre 1988 et 2009. Je devais avoir 35 ans quand j'en ai bénéficié la première fois et encore ce fut grâce à un technicien de la CAF comme il avait abordé le sujet avec moi.

Aide financière qui ne permet pas de vivre décemment. Elle empêche de vivre et à peine à survivre même seule sans un enfant. Alors un couple avec enfants je ne veux pas imaginer à quoi peut ressembler son quotidien. Surtout si l'allocation est la seule source de revenu avec les aides aux enfants.

Je me suis retrouvée à la rue en été 2003 après sept ans de vie commune en union libre. Je me suis réfugiée à l'époque à l'hôtel qui me coûte mes économies tout cela pour avoir un toit et une adresse pour recevoir le courrier. Cela ne se serait pas passé de cette façon si j'avais eu un enfant avec mon ex car les associations auraient mis leur nez dans le dossier pour m'aider.

Macron – Un serpent à l'Élysée

Seule sans enfant fut quand même ma chance pour rebondir plus vite après ma rupture, suite à un coup de tête, à l'âge de 32 ans. Nul regret de ne pas être mère quand je vois comment ça s'est passé dans mon parcours personnel et comment cela se passe de nos jours en France. Pendant une décennie j'ai scruté la somme versée le 5 du mois. Enfin quand cette date ne tombait pas un jour férié. Du coup, il me fallait attendre le lendemain pour enfin en disposer.

Moins de 500 € pour survivre, serré comme budget pour une femme qui devait par contre affronter le coût de la vie qui lui augmente tous les ans. Dire que j'ai vécu la situation en 2003 et dix-sept ans après les *gilets jaunes* défilent dans la rue pour faire la piqûre de rappel à notre Gouvernement. Obligée de jongler avec le RMI et le SMIC entre 2003 et 2005 quand j'ai signé un contrat de travail bien sûr.

Macron – Un serpent à l'Élysée

Le RSA mis en place ensuite changea la donne. J'ai déjà plus de 30 ans et aucune situation professionnelle stable. Mon CV était boudé par le marché du travail et puis je n'ai ni Bac ni BTS. Mon expérience de secrétaire passait après le diplôme un comble je vous dis.

Bénéficiaire du RMI rendait éligible à la signature des contrats de travail aidés genre CAE. Que d'acronymes ! Le contrat unique insertion (CUI) je l'ai connu aussi. Tous ces postes précaires en béquilles de secours pour ne pas laisser une période de chômage longue sur le CV. Il m'est arrivé de signer un CDD pour six mois en 24h par semaine comme opératrice de saisie pour le *Département du Rhône*. 2013, à 42 ans, la précarité me collait telle une étiquette. Fichue précarité qui me suivait telle mon ombre et devenait ma seconde peau dans laquelle je me sentais mal.

Macron – Un serpent à l'Élysée

Une situation instable vous empêche d'avoir un toit. Même votre poste à temps partiel ne permet pas de justifier trois fois le montant d'un loyer réclamé par l'agence immobilière ou le propriétaire privé. Les garants je n'en parle pas je n'en ai jamais eu. Toi l'étudiant dont les parents paient le loyer du studio meublé dans la résidence étudiante, je te conseille d'en profiter tant que tu peux. Parce que quand tes parents seront morts ce sera difficile pour te payer un toit dans le futur. Tu seras seul livré à toi-même. Tu ne pourras compter que sur toi comme je l'ai fait.

Quand je signais un contrat aidé à l'issue cela m'ouvrait le droit à l'assurance chômage pendant sept mois avant d'être à nouveau au RSA. J'en ai connu des postes d'employée de saisie qui ne m'ont apporté aucune compétence utile pour mon profil de secrétaire. *Job alimentaire* comme tant d'autres par la suite dans ma carrière.

Macron – Un serpent à l'Élysée

Devenue *salariée jetable* au fil des ans. La salariée jetable non recyclable en CDD à répétition ou missions d'intérim.

En 2018 j'étais inscrite au concours externe pour devenir adjoint administratif de Préfecture de Police. Concours obtenu mais j'ai refusé le poste proposé parce que ce n'était pas celui que j'espérais. Du fait de ne l'avoir pas pris j'ai perdu le bénéfice de l'examen mais sans regret je précise. En effet, je devais faire 40h30 par semaine en tant qu'opératrice de saisie et mon acuité visuelle n'étant plus bonne avec un début de presbytie à 47 ans, le travail de saisie sur écran m'était devenu pénible.

Je précise aussi que lors de la visite médicale d'embauche je ne fais pas de test d'acuité visuelle et le médecin ne me pose aucune question à ce sujet alors que mes lunettes sont sur le nez. J'aurai pu dire que le travail sur écran peut faire l'objet de réserve.

Macron – Un serpent à l'Élysée

Travailler dans un commissariat ne m'a pas du tout convenu. Croiser les flics dans les couloirs, l'arme de service sur la hanche cela me rendait plutôt nerveuse. L'environnement de travail compte beaucoup pour moi et je ne pouvais pas rester dans ces conditions.

Je n'ai pas définitivement renoncé à ma carrière dans l'administration. J'accepterai de signer pour devenir contractuelle cinq ans. La proposition envisagée par le gouvernement a su retenir mon attention. Je suis partante cela me permettrait d'attendre mes 60 ans bien au chaud. J'aborde la suggestion dans le chapitre *Fonctionnaires contractuels*, vous m'en direz des nouvelles.

Justifier mon absence d'activité de plus de six mois sur le CV est compliqué à force. Les recruteurs doivent penser que je suis une fainéante ou pire en congé maladie ! Combien de fois en entretien on m'a posé la question : Le CDD c'est un choix ? Mr Macron je ne vous tiens pas rigueur si je ne retrouve pas de job et vous-même êtes en CDD. Bienvenu au club !

Macron – Un serpent à l'Élysée

Relevé de compte en 2014 avant de fermer le compte.

Compte Courant Postal n° 11 070 11W 038
IBAN : FR46 2004 1010 0711 0701 1W03 831 | BIC : PSSTFRPPLYO

> Découvert autorisé au 02/10/2014 : 2 000,00 € (à régulariser sous 30 jours)
> Frais et cotisations perçus depuis le 22/09/2014 : - 15,40 €
> Avantage FORMULE DE COMPTE : jusqu'à 1,50 € par trimestre, vos intérêts débiteurs ne vous sont pas facturés.
> (Seuil en vigueur au 01/07/2010)

Date	Opérations	Débit (€)	Crédit (€)	Solde en francs
	Ancien solde au 22/09/2014		955,36	
25/09	ACHAT CB AUCHAN ST PRIE 24.09.14 CARTE NUMERO 698	19,71		-129,29
29/09	ACHAT CB AUCHAN ST PRIE 26.09.14 CARTE NUMERO 698	15,26		-100,10
29/09	ACHAT CB FASHION MINUT 27.09.14 CARTE NUMERO 698	23,00		-150,87
01/10	ACHAT CB LIDL 2618 30.09.14 CARTE NUMERO 698	6,95		-45,59
01/10	ACHAT CB CARREFOUR PART 30.09.14 CARTE NUMERO 698	8,47		-55,56
02/10	COTISATION TRIMESTRIELLE DE VOTRE FORMULE DE COMPTE	15,40		-101,02
02/10	ACHAT CB QUIJCK 01.10.14 CARTE NUMERO 698	7,70		-50,51
	Total des opérations	**96,49**		

Adieu la banque postale

Pendant dix ans j'ai tenu le coup et en 2010 mon univers s'est écroulé. Après de nombreuses candidatures envoyées ou bien fait mes preuves dans le poste occupé l'employeur ne me gardait pas. Le contrat aidé fini on se débarrassait de moi après la poignée de main et de vifs remerciements pour ma collaboration apportée au sein du service.

Macron – Un serpent à l'Élysée

On me souhaitait de vite retrouver un emploi qui répondrait à mes attentes. *Mais bien sûr* comme dirait la marmotte de la pub du chocolat. Il valait mieux perdre du temps à former la nouvelle recrue au lieu de garder celle qui maîtrise le poste sur le bout des doigts et est opérationnelle de suite. Vous parlez d'une logique. Si je comprend bien le poste que j'ai occupé dix mois n'était pas fait pour moi ? Je fais des efforts j'investis des heures de ma vie et le projet professionnel ne débouche pas sur une embauche.

Ce qui décourage à la longue et vous épuise. J'ai aussi composé avec le collègue partisan du moindre effort qui se reposait sur moi pour m'occuper du courrier ou de la saisie par exemple. Tâche ingrate pour son grade. Tant de collègues ont pris leur retraite depuis. Bon débarras ! Ils ne vont pas manger sur mon dos !

Macron – Un serpent à l'Élysée

Novembre 2015 rongée par le stress et à bout de forces, je suis aigrie par tous ces postes occupés sans reconnaissance. Au final il ne reste que 8€ dans mon porte-monnaie et je suis contrainte de fermer le compte bancaire pour éviter un découvert car je n'ai pas les moyens de payer d'agios.

Je restitue au centre financier toutes les formules vierges du chéquier mais j'ai coupé les souches pour préserver le motif de la dépense. Depuis décembre 2015 je ne signe plus de chèque. Des magasins tels que *Lidl* et les hôtels refusent ce moyen de paiement de nos jours.

Je ne pouvais pas investir dans mon alimentation le peu d'argent que j'avais en poche. Je l'ai utilisé pour payer les frais de transports en commun à Lyon. Je prends le tramway pour aller au travail n'ayant pas de véhicule. L'employeur prend en charge la moitié de mes frais de déplacement.

Macron – Un serpent à l'Élysée

Je n'étais plus en mesure de payer les frais de fonctionnement prélevés tous les trimestres.

La *Banque postale* a perdu une fidèle cliente. Titulaire d'un compte chez elle et cela pendant vingt ans. Seulement, 60€ de frais de tenue de compte par an, je n'ai pas eu envie de continuer de jouer le jeu. J'ai viré la banque car 15€ par trimestre quel tarif élevé. J'aurai pu les investir dans ma liste de courses et d'achats utiles. Comme la paire de bottines pour l'hiver ou bien les boîtes de conserve pour manger.

Je n'ai pas écrit ces lignes pour que l'on me plaigne mais pour dire aux jeunes ce qu'il m'était arrivé et leur éviter un tel parcours. Il est trop tard et je m'en sortirai mieux que d'autres suite aux leçons de ce parcours accidenté. Vous autres les jeunes vous êtes ce que j'ai été dans les années 80. Je suis ce que vous deviendrez.

Macron – Un serpent à l'Élysée

La CAF

En tant que bénéficiaire du RSA j'ai été éligible au tarif social. Coup de pouce durant ma période de disette. La réduction sociale fut accordée pour payer la facture de la ligne fixe. Comme je n'en avais pas, elle n'a pas été utile. Je n'ai qu'un mobile depuis juin 2003 et mon forfait à 3€99 je ne le dépasse jamais. Vive les sms illimités qui prenaient le relais en fin de mois.

Macron – Un serpent à l'Élysée

La tarification sociale des TCL pour les usagers était intéressante et m'a donné l'occasion de payer l'abonnement mensuel au tarif de 8€95. Si les transports de Lyon avaient été plus chers je n'aurais plus été en mesure d'aller bosser novembre 2015. En effet, il me restait juste la somme à cet usage. La durée du trajet était de 30 mn pour me rendre à mon poste. Je n'ai pas de voiture mais même en ayant un véhicule je n'avais pas de payer l'essence. Quel cercle vicieux !

Marche ou crève ! comme le titre du livre de Stephen King fut ma devise durant la période. De plus, sans compte bancaire je n'ai pu percevoir de prestation sociale. La CAF ne verse jamais en liquide les aides aux allocataires. Je n'avais aucun *tiers de confiance* pour donner son RIB en vue de récupérer l'argent par son intermédiaire. Prudence si vous tombez sur quelqu'un de malhonnête.

Macron – Un serpent à l'Élysée

La CAF ne vous viendra pas en aide pour récupérer l'argent perçu par un tiers. Ce ne sera pas son souci aussi assurez-vous que la personne qui vous confie son RIB soit bien droite dans ses bottes. Sinon faites-vous assister d'un ami pour qu'il se porte témoin de l'accord conclu entre vous deux ainsi vous éviterez tout malentendu et pourrez porter plainte.

Pour payer mon forfait de téléphone j'ai eu recours à un ami. Je lui donnais en liquide le montant et ensuite il payait avec sa carte bancaire en ligne ma facture via mon espace personnel sur le site de mon fournisseur. Ce dernier n'a aucune agence physique et j'ai confié à mon ami tous mes identifiants de connexion. J'ai eu confiance en lui. Merci Damien, tu es un frère. Il m'a été d'un grand secours je le connais depuis 2007. Entretenir les amitiés est utile.

Macron – Un serpent à l'Élysée

Il faut ce créer le réseau amical pour s'en sortir car on ne peut rien faire seul. Il faut entretenir les relations. Janvier 2016, dès que j'ai eu 20€ en liquide, j'ai poussé la porte du buraliste pour ouvrir le *compte Nickel* et je salue l'équipe. *Le compte sans banque* l'idéal pour percevoir l'allocation CAF et les paies. Merci à *Ryad Boulanouar* créateur du concept.

Merci au *secours populaire* pour son coup de pouce et aux *restaurants du cœur.* Ryad en a inspiré d'autres depuis et c'est tant mieux car je suis pour la concurrence dans le domaine bancaire. Je me demande encore de nos jours pourquoi cela a mis si longtemps avant que les choses évoluent ? Les banques en ligne, changement positif. Je ne suis pas interdite bancaire ni fichée à la banque de France. Je détiens la preuve de cela et nulle dette au fisc ou à la CAF.

Macron – Un serpent à l'Élysée

Merci d'avoir pris le temps de le lire ce témoignage et rappelez-vous : *Ce qui ne nous tue pas nous rend plus fort.* Depuis 2009 j'ai cessé de cotiser pour ma retraite complémentaire souscrite à la PREFON. Il vaut mieux cotiser pour les enfants en leur léguant l'argent par testament. Ils vont en avoir besoin dans les années à venir.

En 2021, j'ai 50 ans et après un demi siècle, je trouve que je ne m'en suis pas mal sortie après mes années de galère. Si Macron est réélu Président en 2022, je fais la valise et fuis la France sans regret. Seule sans enfant, cela sera facile de larguer les amarres. Celles qui veulent recourir à la PMA, je vous invite à y réfléchir car ce que j'ai vécu peut arriver à votre enfant. 1999, 2000, 2022, *triple résonances* car 3 chiffres 999-000-222. Le changement sera majeur en France et je ne serai pas surprise par le résultat de l'élection présidentielle.

Macron – Un serpent à l'Élysée

Le Gouvernement ne viendra pas à votre aide car il ne peut tout payer. Sinon Coluche et les enfoirés n'auraient pas mis en place les *Restaurants du coeur*. Concept qui malheureusement est encore actif à ce jour et j'y ai fait un tour en 2015. Une date pas si lointaine et je me souhaite de ne pas y retourner là-bas.

Développons l'entraide de suite qui sera la planche de salut, nous aurons tous à y gagner. Les associations ont du mal à remplir leur mission faute de subventions. Merci d'avoir pris le temps de me lire. De tout cœur je vous souhaite bonne chance ainsi qu'à vos proches.

Macron – Un serpent à l'Élysée

Emmanuel

Il m'arrive parfois de faire sur le net une recherche sur le prénom. Par curiosité j'en ai faite une sur celui du président de la République actuel. Voici ce que j'ai lu :

Emmanuel est volontaire, travailleur et ne reste jamais vraiment inactif. Mais il est aussi rancunier et se vexe facilement quand il n'obtient pas ce qu'il veut ou s'il se trouve dans une situation inconfortable.

Macron – Un serpent à l'Élysée

D'autres l'ont jugé dans les colonnes de la presse, d'une façon qui fait sourire encore de nos jours.

Gérald Darmanin dit en janvier 2017 : *L'élection de Macron précipiterait la France dans l'instabilité institutionnelle et conduirait à l'éclatement de notre vie politique.*

Bruno Lemaire disait aussi : *Emmanuel Macron c'est l'homme sans projet, parce que c'est l'homme sans convictions. Il dit tout et son contraire selon ses auditeurs.*

Ces deux hommes sont devenus depuis ministres sous les ordres du président qu'ils critiquaient. L'option de Macron en vue de les museler plus facilement et les empêcher dans le futur de devenir ses rivaux à l'élection ?

Macron – Un serpent à l'Élysée

Qu'est-ce que le RMI à la base ? Pourquoi l'avoir mis en place ? En tout cas, je souhaiterais savoir qui a décidé de son montant dérisoire !

Cela intéressera le lecteur vu que c'est se moquer du monde. Roselyne Bachelot n'a jamais perçu le RMI ni le RSA. Il faudra qu'elle change sa définition des choses si elle veut rester crédible.

On présente le revenu minimum comme une idée de gauche. Il n'en est rien et quand Jack Ralie a répliqué à Jean Narquin, qui en proposa l'instauration, qu'"avec la gauche, il n'y aurait plus de pauvre", il a, en quelque sorte, mis en pièces cette filiation idéologique.

Le revenu minimum, un concept d'inspiration néolibérale qui pose pour principe que les sociétés postmodernes vont produire des exclus du système productif. Pour des raisons éthiques sans doute mais surtout pour des motifs économiques, il convient que ces exclus puissent néanmoins bénéficier d'un revenu permettant de subvenir à leurs besoins vitaux. Il ne faudrait pas, en effet, que la montée de la pauvreté inhérente à des systèmes de plus en plus spécialisés et technicisés, suscite des mouvements de contestation voire de révolte, qui pourraient gripper la croissance et le profit capitaliste.

Macron – Un serpent à l'Élysée

À :
Objet : Facture RALP 17
Date : 01/09/2017 14:32:37 CEST

Référence du titre : ▇▇▇▇▇▇▇▇▇▇▇27
Numéro facture : RALP 17▇▇▇

Bonjour Madame,

Suite à notre conversation téléphonique de ce jour, je vous confirme
que le dossier cité en référence d'un montant
initial de 91,18 € a fait l'objet d'une remise gracieuse totale en date du 07/08/2017,
En conséquence ce dossier est entièrement soldé.

Cordialement,

Direction Régionale des Finances
Publiques d'Auvergne-Rhône-Alpes et
du département du Rhône
Service Produits Divers
3 rue de la Charité 69268 LYON Cédex
02
Tél:

Adoptez l'éco-attitude.
N'imprimez ce mail que si c'est vraiment nécessaire

l'éco-attitude.
: ce mail que si c'est vraiment nécessaire

Remise gracieuse accordée par les impôts lors de ma taxe d'habitation après envoi de mon dossier de situation financière personnelle.

Macron – Un serpent à l'Élysée

compte twitter officiel **@joanne_autumn**

Mail de contact :
autumnjoanne1971@gmail.com

Macron – Un serpent à l'Élysée

Table des matières

Les meetings du candidat	Page 05
A ciao les guignols !	Page 13
Ensemble la France	Page 17
Le karma à zéro	Page 23
La France piétine	Page 29
Détournement de fonds publics	Page 41
La canicule encore elle	Page 43
La pollution	Page 53
Le serpent est cérébral	Page 65
Fonctionnaires contractuels	Page 75
Une arme au collège	Page 85
Un coq à l'Elysée ? Non !	Page 91
Salariée jetable	Page 95
Adieu à ma banque	Page 103
La CAF	Page 107
Emmanuel	Page 113
La définition du RMI - RSA	Page 115

Macron – Un serpent à l'Élysée

www.ingramcontent.com/pod-product-compliance
Lightning Source LLC
Chambersburg PA
CBHW031431210526
45464CB00005B/2150